Vehicle Search

Find the following vehicles:

- ☐ **STATION WAGON**
- ☐ **TRUCK**
- ☐ **CAMPER**
- ☐ **MOVING VAN**
- ☐ **CAR WITH A LUGGAGE RACK**
- ☐ **SCHOOL BUS**
- ☐ **CONVERTIBLE**
- ☐ **CAR WITH A BICYCLE RACK**
- ☐ **POLICE CAR**
- ☐ **TANKER TRUCK**
- ☐ **CAR WITH A BLACK TOP**
- ☐ **MOTORCYCLE**
- ☐ **CAR WITH A SUN ROOF**
- ☐ **PASSENGER BUS**
- ☐ **TAXI CAB**
- ☐ **AMBULANCE**
- ☐ **MAIL TRUCK**
- ☐ **CAR WITH A DENT**
- ☐ **CAR WITH A DOG INSIDE**
- ☐ **CAR WITH A BUMPER STICKER**

Vehicle Search

Find the following vehicles:

- ☐ **STATION WAGON**
- ☐ **TRUCK**
- ☐ **CAMPER**
- ☐ **MOVING VAN**
- ☐ **CAR WITH A LUGGAGE RACK**
- ☐ **SCHOOL BUS**
- ☐ **CONVERTIBLE**
- ☐ **CAR WITH A BICYCLE RACK**
- ☐ **POLICE CAR**
- ☐ **TANKER TRUCK**
- ☐ **CAR WITH A BLACK TOP**
- ☐ **MOTORCYCLE**
- ☐ **CAR WITH A SUN ROOF**
- ☐ **PASSENGER BUS**
- ☐ **TAXI CAB**
- ☐ **AMBULANCE**
- ☐ **MAIL TRUCK**
- ☐ **CAR WITH A DENT**
- ☐ **CAR WITH A DOG INSIDE**
- ☐ **CAR WITH A BUMPER STICKER**

Vehicle Search

Find the following vehicles:

- ☐ **STATION WAGON**
- ☐ **TRUCK**
- ☐ **CAMPER**
- ☐ **MOVING VAN**
- ☐ **CAR WITH A LUGGAGE RACK**
- ☐ **SCHOOL BUS**
- ☐ **CONVERTIBLE**
- ☐ **CAR WITH A BICYCLE RACK**
- ☐ **POLICE CAR**
- ☐ **TANKER TRUCK**
- ☐ **CAR WITH A BLACK TOP**
- ☐ **MOTORCYCLE**
- ☐ **CAR WITH A SUN ROOF**
- ☐ **PASSENGER BUS**
- ☐ **TAXI CAB**
- ☐ **AMBULANCE**
- ☐ **MAIL TRUCK**
- ☐ **CAR WITH A DENT**
- ☐ **CAR WITH A DOG INSIDE**
- ☐ **CAR WITH A BUMPER STICKER**

Vehicle Search

Find the following vehicles:

- ☐ **STATION WAGON**
- ☐ **TRUCK**
- ☐ **CAMPER**
- ☐ **MOVING VAN**
- ☐ **CAR WITH A LUGGAGE RACK**
- ☐ **SCHOOL BUS**
- ☐ **CONVERTIBLE**
- ☐ **CAR WITH A BICYCLE RACK**
- ☐ **POLICE CAR**
- ☐ **TANKER TRUCK**
- ☐ **CAR WITH A BLACK TOP**
- ☐ **MOTORCYCLE**
- ☐ **CAR WITH A SUN ROOF**
- ☐ **PASSENGER BUS**
- ☐ **TAXI CAB**
- ☐ **AMBULANCE**
- ☐ **MAIL TRUCK**
- ☐ **CAR WITH A DENT**
- ☐ **CAR WITH A DOG INSIDE**
- ☐ **CAR WITH A BUMPER STICKER**

Vehicle Search

Find the following vehicles:

- ☐ **STATION WAGON**
- ☐ **TRUCK**
- ☐ **CAMPER**
- ☐ **MOVING VAN**
- ☐ **CAR WITH A LUGGAGE RACK**
- ☐ **SCHOOL BUS**
- ☐ **CONVERTIBLE**
- ☐ **CAR WITH A BICYCLE RACK**
- ☐ **POLICE CAR**
- ☐ **TANKER TRUCK**
- ☐ **CAR WITH A BLACK TOP**
- ☐ **MOTORCYCLE**
- ☐ **CAR WITH A SUN ROOF**
- ☐ **PASSENGER BUS**
- ☐ **TAXI CAB**
- ☐ **AMBULANCE**
- ☐ **MAIL TRUCK**
- ☐ **CAR WITH A DENT**
- ☐ **CAR WITH A DOG INSIDE**
- ☐ **CAR WITH A BUMPER STICKER**

Vehicle Search

Find the following vehicles:

- ☐ **STATION WAGON**
- ☐ **TRUCK**
- ☐ **CAMPER**
- ☐ **MOVING VAN**
- ☐ **CAR WITH A LUGGAGE RACK**
- ☐ **SCHOOL BUS**
- ☐ **CONVERTIBLE**
- ☐ **CAR WITH A BICYCLE RACK**
- ☐ **POLICE CAR**
- ☐ **TANKER TRUCK**
- ☐ **CAR WITH A BLACK TOP**
- ☐ **MOTORCYCLE**
- ☐ **CAR WITH A SUN ROOF**
- ☐ **PASSENGER BUS**
- ☐ **TAXI CAB**
- ☐ **AMBULANCE**
- ☐ **MAIL TRUCK**
- ☐ **CAR WITH A DENT**
- ☐ **CAR WITH A DOG INSIDE**
- ☐ **CAR WITH A BUMPER STICKER**

Vehicle Search

Find the following vehicles:

- ☐ **STATION WAGON**
- ☐ **TRUCK**
- ☐ **CAMPER**
- ☐ **MOVING VAN**
- ☐ **CAR WITH A LUGGAGE RACK**
- ☐ **SCHOOL BUS**
- ☐ **CONVERTIBLE**
- ☐ **CAR WITH A BICYCLE RACK**
- ☐ **POLICE CAR**
- ☐ **TANKER TRUCK**
- ☐ **CAR WITH A BLACK TOP**
- ☐ **MOTORCYCLE**
- ☐ **CAR WITH A SUN ROOF**
- ☐ **PASSENGER BUS**
- ☐ **TAXI CAB**
- ☐ **AMBULANCE**
- ☐ **MAIL TRUCK**
- ☐ **CAR WITH A DENT**
- ☐ **CAR WITH A DOG INSIDE**
- ☐ **CAR WITH A BUMPER STICKER**

Sign Search

Find the following signs that say:

- ☐ **STOP**
- ☐ **YIELD**
- ☐ **ONE-WAY**
- ☐ **SCHOOL CROSSING**
- ☐ **SPEED LIMIT**
- ☐ **NO U TURN**
- ☐ **DETOUR**
- ☐ **NO RIGHT TURN ON RED**
- ☐ **RAILROAD CROSSING**
- ☐ **COUNTY LINE**
- ☐ **REST AREA**
- ☐ **STREET NARROWS**
- ☐ **DIVIDED HIGHWAY**
- ☐ **DO NOT ENTER**
- ☐ **SIGNAL AHEAD**
- ☐ **HOSPITAL**
- ☐ **KEEP RIGHT**
- ☐ **MERGING TRAFFIC**
- ☐ **GAS, FOOD, LODGING**
- ☐ **EMERGENCY PARKING ONLY**

Sign Search

Find the following signs that say:

- ☐ **STOP**
- ☐ **YIELD**
- ☐ **ONE-WAY**
- ☐ **SCHOOL CROSSING**
- ☐ **SPEED LIMIT**
- ☐ **NO U TURN**
- ☐ **DETOUR**
- ☐ **NO RIGHT TURN ON RED**
- ☐ **RAILROAD CROSSING**
- ☐ **COUNTY LINE**
- ☐ **REST AREA**
- ☐ **STREET NARROWS**
- ☐ **DIVIDED HIGHWAY**
- ☐ **DO NOT ENTER**
- ☐ **SIGNAL AHEAD**
- ☐ **HOSPITAL**
- ☐ **KEEP RIGHT**
- ☐ **MERGING TRAFFIC**
- ☐ **GAS, FOOD, LODGING**
- ☐ **EMERGENCY PARKING ONLY**

Sign Search

Find the following signs that say:

- ☐ **STOP**
- ☐ **YIELD**
- ☐ **ONE-WAY**
- ☐ **SCHOOL CROSSING**
- ☐ **SPEED LIMIT**
- ☐ **NO U TURN**
- ☐ **DETOUR**
- ☐ **NO RIGHT TURN ON RED**
- ☐ **RAILROAD CROSSING**
- ☐ **COUNTY LINE**
- ☐ **REST AREA**
- ☐ **STREET NARROWS**
- ☐ **DIVIDED HIGHWAY**
- ☐ **DO NOT ENTER**
- ☐ **SIGNAL AHEAD**
- ☐ **HOSPITAL**
- ☐ **KEEP RIGHT**
- ☐ **MERGING TRAFFIC**
- ☐ **GAS, FOOD, LODGING**
- ☐ **EMERGENCY PARKING ONLY**

PEDESTRIANS BICYCLES MOTOR-DRIVEN CYCLES PROHIBITED

YIELD

R R

SPEED LIMIT 25 M.P.H.

AIRPORT

SIGNAL AHEAD

HOSPITAL →

NO U TURN

ONE WAY →

KEEP RIGHT

ENTERING SANTA BARBARA COUNTY

GAS FOOD LODGING NEXT RIGHT

Sign Search

Find the following signs that say:

- [ ] **STOP**
- [ ] **YIELD**
- [ ] **ONE-WAY**
- [ ] **SCHOOL CROSSING**
- [ ] **SPEED LIMIT**
- [ ] **NO U TURN**
- [ ] **DETOUR**
- [ ] **NO RIGHT TURN ON RED**
- [ ] **RAILROAD CROSSING**
- [ ] **COUNTY LINE**
- [ ] **REST AREA**
- [ ] **STREET NARROWS**
- [ ] **DIVIDED HIGHWAY**
- [ ] **DO NOT ENTER**
- [ ] **SIGNAL AHEAD**
- [ ] **HOSPITAL**
- [ ] **KEEP RIGHT**
- [ ] **MERGING TRAFFIC**
- [ ] **GAS, FOOD, LODGING**
- [ ] **EMERGENCY PARKING ONLY**

STOP

PEDESTRIANS
BICYCLES
MOTOR-DRIVEN
CYCLES
PROHIBITED

YIELD

NO U TURN

ONE WAY

SPEED LIMIT 25 M.P.H.

AIRPORT

SIGNAL AHEAD

HOSPITAL →

KEEP RIGHT →

ENTERING SANTA BARBARA COUNTY

GAS FOOD LODGING NEXT RIGHT

Sign Search

Find the following signs that say:

- ☐ **STOP**
- ☐ **YIELD**
- ☐ **ONE-WAY**
- ☐ **SCHOOL CROSSING**
- ☐ **SPEED LIMIT**
- ☐ **NO U TURN**
- ☐ **DETOUR**
- ☐ **NO RIGHT TURN ON RED**
- ☐ **RAILROAD CROSSING**
- ☐ **COUNTY LINE**
- ☐ **REST AREA**
- ☐ **STREET NARROWS**
- ☐ **DIVIDED HIGHWAY**
- ☐ **DO NOT ENTER**
- ☐ **SIGNAL AHEAD**
- ☐ **HOSPITAL**
- ☐ **KEEP RIGHT**
- ☐ **MERGING TRAFFIC**
- ☐ **GAS, FOOD, LODGING**
- ☐ **EMERGENCY PARKING ONLY**

SPEED LIMIT 25 M.P.H.

AIRPORT

SIGNAL AHEAD

HOSPITAL→

STOP

PEDESTRIANS BICYCLES MOTOR-DRIVEN CYCLES PROHIBITED

YIELD

NO U TURN

ONE WAY

KEEP RIGHT

ENTERING SANTA BARBARA COUNTY

GAS FOOD LODGING NEXT RIGHT

Sign Search

Find the following signs that say:

- ☐ **STOP**
- ☐ **YIELD**
- ☐ **ONE-WAY**
- ☐ **SCHOOL CROSSING**
- ☐ **SPEED LIMIT**
- ☐ **NO U TURN**
- ☐ **DETOUR**
- ☐ **NO RIGHT TURN ON RED**
- ☐ **RAILROAD CROSSING**
- ☐ **COUNTY LINE**
- ☐ **REST AREA**
- ☐ **STREET NARROWS**
- ☐ **DIVIDED HIGHWAY**
- ☐ **DO NOT ENTER**
- ☐ **SIGNAL AHEAD**
- ☐ **HOSPITAL**
- ☐ **KEEP RIGHT**
- ☐ **MERGING TRAFFIC**
- ☐ **GAS, FOOD, LODGING**
- ☐ **EMERGENCY PARKING ONLY**

STOP

PEDESTRIANS BICYCLES MOTOR-DRIVEN CYCLES PROHIBITED

YIELD

NO U TURN

ONE WAY

ENTERING SANTA BARBARA COUNTY

KEEP RIGHT

SPEED LIMIT 25 M.P.H.

AIRPORT

SIGNAL AHEAD

HOSPITAL →

Sign Search

Find the following signs that say:

- [ ] **STOP**
- [ ] **YIELD**
- [ ] **ONE-WAY**
- [ ] **SCHOOL CROSSING**
- [ ] **SPEED LIMIT**
- [ ] **NO U TURN**
- [ ] **DETOUR**
- [ ] **NO RIGHT TURN ON RED**
- [ ] **RAILROAD CROSSING**
- [ ] **COUNTY LINE**
- [ ] **REST AREA**
- [ ] **STREET NARROWS**
- [ ] **DIVIDED HIGHWAY**
- [ ] **DO NOT ENTER**
- [ ] **SIGNAL AHEAD**
- [ ] **HOSPITAL**
- [ ] **KEEP RIGHT**
- [ ] **MERGING TRAFFIC**
- [ ] **GAS, FOOD, LODGING**
- [ ] **EMERGENCY PARKING ONLY**

Sign Search

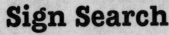

Find the following signs that say:

- ☐ **STOP**
- ☐ **YIELD**
- ☐ **ONE-WAY**
- ☐ **SCHOOL CROSSING**
- ☐ **SPEED LIMIT**
- ☐ **NO U TURN**
- ☐ **DETOUR**
- ☐ **NO RIGHT TURN ON RED**
- ☐ **RAILROAD CROSSING**
- ☐ **COUNTY LINE**
- ☐ **REST AREA**
- ☐ **STREET NARROWS**
- ☐ **DIVIDED HIGHWAY**
- ☐ **DO NOT ENTER**
- ☐ **SIGNAL AHEAD**
- ☐ **HOSPITAL**
- ☐ **KEEP RIGHT**
- ☐ **MERGING TRAFFIC**
- ☐ **GAS, FOOD, LODGING**
- ☐ **EMERGENCY PARKING ONLY**

STOP

PEDESTRIANS BICYCLES MOTOR-DRIVEN CYCLES PROHIBITED

YIELD

NO U TURN

SPEED LIMIT 25 M.P.H.

AIRPORT

SIGNAL AHEAD

HOSPITAL →

ONE WAY

KEEP RIGHT →

GAS FOOD LODGING NEXT RIGHT

ENTERING SANTA BARBARA COUNTY

Food Search

FRESH FISH

25¢ / 50¢

ICE CREAM

COFFEE SHOP

DAISY'S DONUTS

SUPER BURGER

magic meat ball

ITALIAN RESTAURANT

CANDY CORNER

EL GORDITO

FOUR STAR FRIED CHICKEN

Find these places:

- [ ] **BAKERY**
- [ ] **ICE CREAM STORE**
- [ ] **HAMBURGER STAND**
- [ ] **MEXICAN RESTAURANT**
- [ ] **CHICKEN TAKE-OUT**
- [ ] **DONUT SHOP**
- [ ] **ITALIAN RESTAURANT**
- [ ] **STEAK HOUSE**
- [ ] **SEAFOOD RESTAURANT**
- [ ] **DELICATESSEN**
- [ ] **VEGETABLE / FRUIT STAND**
- [ ] **BUTCHER SHOP**
- [ ] **DRIVE-IN RESTAURANT**
- [ ] **HEALTH FOOD STORE**
- [ ] **COFFEE SHOP**
- [ ] **CHINESE RESTAURANT**
- [ ] **CANDY SHOP**
- [ ] **BARBECUE RESTAURANT**
- [ ] **FISH MARKET**
- [ ] **CAFETERIA**

GOLDEN DRAGON CHINESE FOOD

BAKERY

Food Search

Find these places:

- [ ] BAKERY
- [ ] ICE CREAM STORE
- [ ] HAMBURGER STAND
- [ ] MEXICAN RESTAURANT
- [ ] CHICKEN TAKE-OUT
- [ ] DONUT SHOP
- [ ] ITALIAN RESTAURANT
- [ ] STEAK HOUSE
- [ ] SEAFOOD RESTAURANT
- [ ] DELICATESSEN
- [ ] VEGETABLE / FRUIT STAND
- [ ] BUTCHER SHOP
- [ ] DRIVE-IN RESTAURANT
- [ ] HEALTH FOOD STORE
- [ ] COFFEE SHOP
- [ ] CHINESE RESTAURANT
- [ ] CANDY SHOP
- [ ] BARBECUE RESTAURANT
- [ ] FISH MARKET
- [ ] CAFETERIA

FRESH FISH

ICE CREAM

25¢/50¢

Food Search

Find these places:

- ☐ BAKERY
- ☐ ICE CREAM STORE
- ☐ HAMBURGER STAND
- ☐ MEXICAN RESTAURANT
- ☐ CHICKEN TAKE-OUT
- ☐ DONUT SHOP
- ☐ ITALIAN RESTAURANT
- ☐ STEAK HOUSE
- ☐ SEAFOOD RESTAURANT
- ☐ DELICATESSEN
- ☐ VEGETABLE / FRUIT STAND
- ☐ BUTCHER SHOP
- ☐ DRIVE-IN RESTAURANT
- ☐ HEALTH FOOD STORE
- ☐ COFFEE SHOP
- ☐ CHINESE RESTAURANT
- ☐ CANDY SHOP
- ☐ BARBECUE RESTAURANT
- ☐ FISH MARKET
- ☐ CAFETERIA

magic meat ball
ITALIAN RESTAURANT

CANDY

CORNER

EL GORDITO

FOUR STAR FRIED CHICKEN

COFFEE SHOP

DAISY'S DONUTS

SUPER BURGER

GOLDEN DRAGON CHINESE FOOD

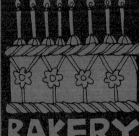

BAKERY

Food Search

Find these places:

- [ ] BAKERY
- [ ] ICE CREAM STORE
- [ ] HAMBURGER STAND
- [ ] MEXICAN RESTAURANT
- [ ] CHICKEN TAKE-OUT
- [ ] DONUT SHOP
- [ ] ITALIAN RESTAURANT
- [ ] STEAK HOUSE
- [ ] SEAFOOD RESTAURANT
- [ ] DELICATESSEN
- [ ] VEGETABLE / FRUIT STAND
- [ ] BUTCHER SHOP
- [ ] DRIVE-IN RESTAURANT
- [ ] HEALTH FOOD STORE
- [ ] COFFEE SHOP
- [ ] CHINESE RESTAURANT
- [ ] CANDY SHOP
- [ ] BARBECUE RESTAURANT
- [ ] FISH MARKET
- [ ] CAFETERIA

Food Search

Find these places:

- [ ] BAKERY
- [ ] ICE CREAM STORE
- [ ] HAMBURGER STAND
- [ ] MEXICAN RESTAURANT
- [ ] CHICKEN TAKE-OUT
- [ ] DONUT SHOP
- [ ] ITALIAN RESTAURANT
- [ ] STEAK HOUSE
- [ ] SEAFOOD RESTAURANT
- [ ] DELICATESSEN
- [ ] VEGETABLE / FRUIT STAND
- [ ] BUTCHER SHOP
- [ ] DRIVE-IN RESTAURANT
- [ ] HEALTH FOOD STORE
- [ ] COFFEE SHOP
- [ ] CHINESE RESTAURANT
- [ ] CANDY SHOP
- [ ] BARBECUE RESTAURANT
- [ ] FISH MARKET
- [ ] CAFETERIA

Food Search

Find these places:

- [ ] BAKERY
- [ ] ICE CREAM STORE
- [ ] HAMBURGER STAND
- [ ] MEXICAN RESTAURANT
- [ ] CHICKEN TAKE-OUT
- [ ] DONUT SHOP
- [ ] ITALIAN RESTAURANT
- [ ] STEAK HOUSE
- [ ] SEAFOOD RESTAURANT
- [ ] DELICATESSEN
- [ ] VEGETABLE / FRUIT STAND
- [ ] BUTCHER SHOP
- [ ] DRIVE-IN RESTAURANT
- [ ] HEALTH FOOD STORE
- [ ] COFFEE SHOP
- [ ] CHINESE RESTAURANT
- [ ] CANDY SHOP
- [ ] BARBECUE RESTAURANT
- [ ] FISH MARKET
- [ ] CAFETERIA

FRESH FISH

Food Search

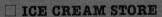

Find these places:

- [ ] BAKERY
- [ ] ICE CREAM STORE
- [ ] HAMBURGER STAND
- [ ] MEXICAN RESTAURANT
- [ ] CHICKEN TAKE-OUT
- [ ] DONUT SHOP
- [ ] ITALIAN RESTAURANT
- [ ] STEAK HOUSE
- [ ] SEAFOOD RESTAURANT
- [ ] DELICATESSEN
- [ ] VEGETABLE / FRUIT STAND
- [ ] BUTCHER SHOP
- [ ] DRIVE-IN RESTAURANT
- [ ] HEALTH FOOD STORE
- [ ] COFFEE SHOP
- [ ] CHINESE RESTAURANT
- [ ] CANDY SHOP
- [ ] BARBECUE RESTAURANT
- [ ] FISH MARKET
- [ ] CAFETERIA

ICE CREAM 25¢/50¢

COFFEE SHOP

DAISY'S DONUTS

SUPER BURGER

magic meat·ball ITALIAN RESTAURANT

CANDY CORNER

EL GORDITO

FOUR STAR FRIED CHICKEN

GOLDEN DRAGON CHINESE FOOD

BAKERY

Food Search

FRESH FISH

ICE CREAM

25¢/50¢

COFFEE SHOP

DAISY'S DONUTS

SUPER BURGER

magic meat ball

ITALIAN RESTAURANT

CANDY CORNER

EL GORDITO

FOUR STAR FRIED CHICKEN

Find these places:

- [ ] BAKERY
- [ ] ICE CREAM STORE
- [ ] HAMBURGER STAND
- [ ] MEXICAN RESTAURANT
- [ ] CHICKEN TAKE-OUT
- [ ] DONUT SHOP
- [ ] ITALIAN RESTAURANT
- [ ] STEAK HOUSE
- [ ] SEAFOOD RESTAURANT
- [ ] DELICATESSEN
- [ ] VEGETABLE / FRUIT STAND
- [ ] BUTCHER SHOP
- [ ] DRIVE-IN RESTAURANT
- [ ] HEALTH FOOD STORE
- [ ] COFFEE SHOP
- [ ] CHINESE RESTAURANT
- [ ] CANDY SHOP
- [ ] BARBECUE RESTAURANT
- [ ] FISH MARKET
- [ ] CAFETERIA

GOLDEN DRAGON CHINESE FOOD

BAKERY

Building Search

Find the following buildings:

- ☐ **SCHOOL**
- ☐ **HOSPITAL**
- ☐ **RESTAURANT**
- ☐ **GAS STATION**
- ☐ **DRIVE-IN THEATER**
- ☐ **DEPARTMENT STORE**
- ☐ **HARDWARE STORE**
- ☐ **MOTEL**
- ☐ **BARBER SHOP**
- ☐ **LAUNDRY**
- ☐ **SHOE STORE**
- ☐ **BOWLING ALLEY**
- ☐ **POST OFFICE**
- ☐ **LIBRARY**
- ☐ **BANK**
- ☐ **GROCERY STORE**
- ☐ **TRAVEL AGENCY**
- ☐ **FURNITURE STORE**
- ☐ **MOVIE THEATER**
- ☐ **PET SHOP**

Building Search

Find the following buildings:

- ☐ **SCHOOL**
- ☐ **HOSPITAL**
- ☐ **RESTAURANT**
- ☐ **GAS STATION**
- ☐ **DRIVE-IN THEATER**
- ☐ **DEPARTMENT STORE**
- ☐ **HARDWARE STORE**
- ☐ **MOTEL**
- ☐ **BARBER SHOP**
- ☐ **LAUNDRY**
- ☐ **SHOE STORE**
- ☐ **BOWLING ALLEY**
- ☐ **POST OFFICE**
- ☐ **LIBRARY**
- ☐ **BANK**
- ☐ **GROCERY STORE**
- ☐ **TRAVEL AGENCY**
- ☐ **FURNITURE STORE**
- ☐ **MOVIE THEATER**
- ☐ **PET SHOP**

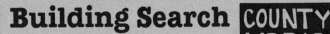

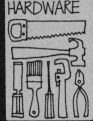

Building Search

Find the following buildings:

☐ **SCHOOL**

☐ **HOSPITAL**

☐ **RESTAURANT**

☐ **GAS STATION**

☐ **DRIVE-IN THEATER**

☐ **DEPARTMENT STORE**

☐ **HARDWARE STORE**

☐ **MOTEL**

☐ **BARBER SHOP**

☐ **LAUNDRY**

☐ **SHOE STORE**

☐ **BOWLING ALLEY**

☐ **POST OFFICE**

☐ **LIBRARY**

☐ **BANK**

☐ **GROCERY STORE**

☐ **TRAVEL AGENCY**

☐ **FURNITURE STORE**

☐ **MOVIE THEATER**

☐ **PET SHOP**

Building Search

Find the following buildings:

- ☐ **SCHOOL**
- ☐ **HOSPITAL**
- ☐ **RESTAURANT**
- ☐ **GAS STATION**
- ☐ **DRIVE-IN THEATER**
- ☐ **DEPARTMENT STORE**
- ☐ **HARDWARE STORE**
- ☐ **MOTEL**
- ☐ **BARBER SHOP**
- ☐ **LAUNDRY**
- ☐ **SHOE STORE**
- ☐ **BOWLING ALLEY**
- ☐ **POST OFFICE**
- ☐ **LIBRARY**
- ☐ **BANK**
- ☐ **GROCERY STORE**
- ☐ **TRAVEL AGENCY**
- ☐ **FURNITURE STORE**
- ☐ **MOVIE THEATER**
- ☐ **PET SHOP**

U.S. POST OFFICE

Building Search

Find the following buildings:

- ☐ SCHOOL
- ☐ HOSPITAL
- ☐ RESTAURANT
- ☐ GAS STATION
- ☐ DRIVE-IN THEATER
- ☐ DEPARTMENT STORE
- ☐ HARDWARE STORE
- ☐ MOTEL
- ☐ BARBER SHOP
- ☐ LAUNDRY
- ☐ SHOE STORE
- ☐ BOWLING ALLEY
- ☐ POST OFFICE
- ☐ LIBRARY
- ☐ BANK
- ☐ GROCERY STORE
- ☐ TRAVEL AGENCY
- ☐ FURNITURE STORE
- ☐ MOVIE THEATER
- ☐ PET SHOP

Building Search

Find the following buildings:

- ☐ **SCHOOL**
- ☐ **HOSPITAL**
- ☐ **RESTAURANT**
- ☐ **GAS STATION**
- ☐ **DRIVE-IN THEATER**
- ☐ **DEPARTMENT STORE**
- ☐ **HARDWARE STORE**
- ☐ **MOTEL**
- ☐ **BARBER SHOP**
- ☐ **LAUNDRY**
- ☐ **SHOE STORE**
- ☐ **BOWLING ALLEY**
- ☐ **POST OFFICE**
- ☐ **LIBRARY**
- ☐ **BANK**
- ☐ **GROCERY STORE**
- ☐ **TRAVEL AGENCY**
- ☐ **FURNITURE STORE**
- ☐ **MOVIE THEATER**
- ☐ **PET SHOP**

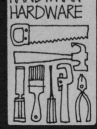

BOWL

BANK

LAUNDRY

LUCKY PUP

PET SHOP

SHOES

HOSPITAL

SECOND STREET SCHOOL

Building Search

Find the following buildings:

☐ **SCHOOL**

☐ **HOSPITAL**

☐ **RESTAURANT**

☐ **GAS STATION**

☐ **DRIVE-IN THEATER**

☐ **DEPARTMENT STORE**

☐ **HARDWARE STORE**

☐ **MOTEL**

☐ **BARBER SHOP**

☐ **LAUNDRY**

☐ **SHOE STORE**

☐ **BOWLING ALLEY**

☐ **POST OFFICE**

☐ **LIBRARY**

☐ **BANK**

☐ **GROCERY STORE**

☐ **TRAVEL AGENCY**

☐ **FURNITURE STORE**

☐ **MOVIE THEATER**

☐ **PET SHOP**

U.S. POST OFFICE

MOUNTAINTOP MOTEL

NO VACANCY

COUNTY LIBRARY

AROUND·THE· WORLD TRAVEL SERVICE

GEORGE'S GROCERIES
• FINE MEATS
• FRESH PRODUCE
• OUR OWN BAKERY PRODUCTS FRESH DAILY

SUNSHINE RESTAURANT
BREAKFAST SERVED ALL DAY

BARBER

GAS

HANDYMAN HARDWARE

Building Search

Find the following buildings:

- ☐ SCHOOL
- ☐ HOSPITAL
- ☐ RESTAURANT
- ☐ GAS STATION
- ☐ DRIVE-IN THEATER
- ☐ DEPARTMENT STORE
- ☐ HARDWARE STORE
- ☐ MOTEL
- ☐ BARBER SHOP
- ☐ LAUNDRY
- ☐ SHOE STORE
- ☐ BOWLING ALLEY
- ☐ POST OFFICE
- ☐ LIBRARY
- ☐ BANK
- ☐ GROCERY STORE
- ☐ TRAVEL AGENCY
- ☐ FURNITURE STORE
- ☐ MOVIE THEATER
- ☐ PET SHOP

BOWL

BANK

LAUNDRY

LUCKY PUP PET SHOP

SHOES

HOSPITAL

COUNTY LIBRARY

AROUND·THE·WORLD TRAVEL SERVICE

GEORGE'S GROCERIES
- FINE MEATS
- FRESH PRODUCE
- OUR OWN BAKERY PRODUCTS FRESH DAILY

SUNSHINE RESTAURANT
BREAKFAST SERVED ALL DAY

BARBER

GAS

U.S. POST OFFICE

SECOND STREET SCHOOL

MOUNTAINTOP MOTEL
NO VACANCY

HANDYMAN HARDWARE

Neighborhood Search

Find the following:

- ☐ PERSON RIDING A BICYCLE
- ☐ CHILD PLAYING BALL
- ☐ FIRE HYDRANT
- ☐ TELEPHONE BOOTH
- ☐ WHITE WOODEN FENCE
- ☐ SIGN WITH RED LETTERS
- ☐ A MAN WALKING
- ☐ A CAT
- ☐ APARTMENT BUILDING
- ☐ FLAG
- ☐ GARBAGE CAN
- ☐ CHILD IN A STROLLER
- ☐ SOMEONE ON A SKATEBOARD
- ☐ BUS BENCH
- ☐ EMPTY LOT
- ☐ "FOR SALE" SIGN
- ☐ BUS
- ☐ BLUE MAILBOX
- ☐ SPRINKLER ON

Neighborhood Search

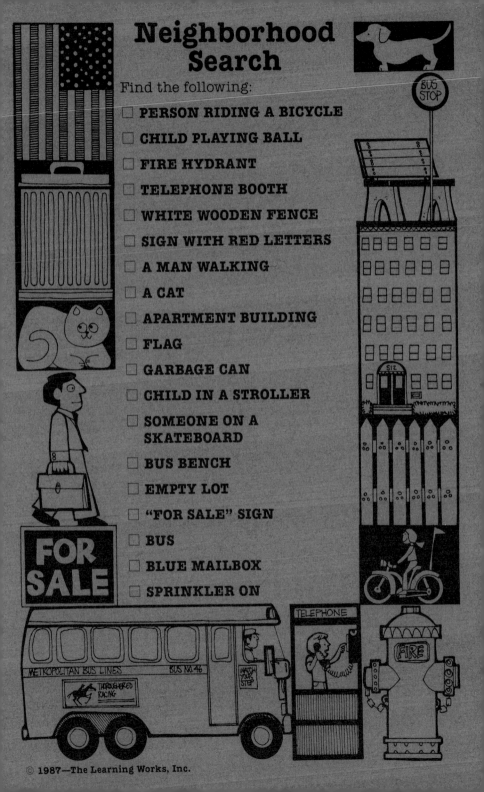

Find the following:

- [ ] **PERSON RIDING A BICYCLE**
- [ ] **CHILD PLAYING BALL**
- [ ] **FIRE HYDRANT**
- [ ] **TELEPHONE BOOTH**
- [ ] **WHITE WOODEN FENCE**
- [ ] **SIGN WITH RED LETTERS**
- [ ] **A MAN WALKING**
- [ ] **A CAT**
- [ ] **APARTMENT BUILDING**
- [ ] **FLAG**
- [ ] **GARBAGE CAN**
- [ ] **CHILD IN A STROLLER**
- [ ] **SOMEONE ON A SKATEBOARD**
- [ ] **BUS BENCH**
- [ ] **EMPTY LOT**
- [ ] **"FOR SALE" SIGN**
- [ ] **BUS**
- [ ] **BLUE MAILBOX**
- [ ] **SPRINKLER ON**

Neighborhood Search

Find the following:

- [ ] **PERSON RIDING A BICYCLE**
- [ ] **CHILD PLAYING BALL**
- [ ] **FIRE HYDRANT**
- [ ] **TELEPHONE BOOTH**
- [ ] **WHITE WOODEN FENCE**
- [ ] **SIGN WITH RED LETTERS**
- [ ] **A MAN WALKING**
- [ ] **A CAT**
- [ ] **APARTMENT BUILDING**
- [ ] **FLAG**
- [ ] **GARBAGE CAN**
- [ ] **CHILD IN A STROLLER**
- [ ] **SOMEONE ON A SKATEBOARD**
- [ ] **BUS BENCH**
- [ ] **EMPTY LOT**
- [ ] **"FOR SALE" SIGN**
- [ ] **BUS**
- [ ] **BLUE MAILBOX**
- [ ] **SPRINKLER ON**

Neighborhood Search

Find the following:

- [ ] **PERSON RIDING A BICYCLE**
- [ ] **CHILD PLAYING BALL**
- [ ] **FIRE HYDRANT**
- [ ] **TELEPHONE BOOTH**
- [ ] **WHITE WOODEN FENCE**
- [ ] **SIGN WITH RED LETTERS**
- [ ] **A MAN WALKING**
- [ ] **A CAT**
- [ ] **APARTMENT BUILDING**
- [ ] **FLAG**
- [ ] **GARBAGE CAN**
- [ ] **CHILD IN A STROLLER**
- [ ] **SOMEONE ON A SKATEBOARD**
- [ ] **BUS BENCH**
- [ ] **EMPTY LOT**
- [ ] **"FOR SALE" SIGN**
- [ ] **BUS**
- [ ] **BLUE MAILBOX**
- [ ] **SPRINKLER ON**

Neighborhood Search

Find the following:

- [ ] **PERSON RIDING A BICYCLE**
- [ ] **CHILD PLAYING BALL**
- [ ] **FIRE HYDRANT**
- [ ] **TELEPHONE BOOTH**
- [ ] **WHITE WOODEN FENCE**
- [ ] **SIGN WITH RED LETTERS**
- [ ] **A MAN WALKING**
- [ ] **A CAT**
- [ ] **APARTMENT BUILDING**
- [ ] **FLAG**
- [ ] **GARBAGE CAN**
- [ ] **CHILD IN A STROLLER**
- [ ] **SOMEONE ON A SKATEBOARD**
- [ ] **BUS BENCH**
- [ ] **EMPTY LOT**
- [ ] **"FOR SALE" SIGN**
- [ ] **BUS**
- [ ] **BLUE MAILBOX**
- [ ] **SPRINKLER ON**

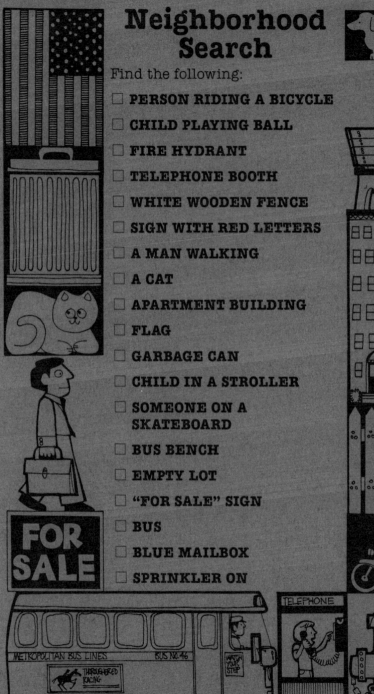

BUS STOP

FOR SALE

METROPOLITAN BUS LINES   BUS NO. 46

THOROUGHBRED RACING

TELEPHONE

WATCH YOUR STEP

FIRE

Neighborhood Search

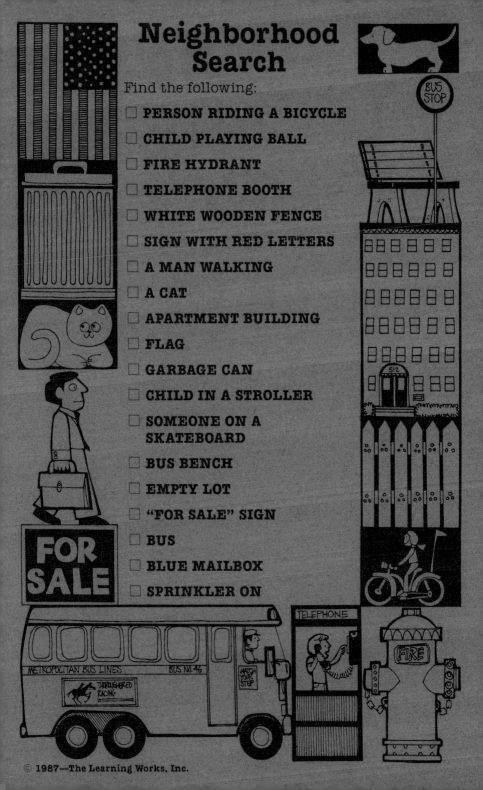

Find the following:

- ☐ **PERSON RIDING A BICYCLE**
- ☐ **CHILD PLAYING BALL**
- ☐ **FIRE HYDRANT**
- ☐ **TELEPHONE BOOTH**
- ☐ **WHITE WOODEN FENCE**
- ☐ **SIGN WITH RED LETTERS**
- ☐ **A MAN WALKING**
- ☐ **A CAT**
- ☐ **APARTMENT BUILDING**
- ☐ **FLAG**
- ☐ **GARBAGE CAN**
- ☐ **CHILD IN A STROLLER**
- ☐ **SOMEONE ON A SKATEBOARD**
- ☐ **BUS BENCH**
- ☐ **EMPTY LOT**
- ☐ **"FOR SALE" SIGN**
- ☐ **BUS**
- ☐ **BLUE MAILBOX**
- ☐ **SPRINKLER ON**

Neighborhood Search

Find the following:

- [ ] **PERSON RIDING A BICYCLE**
- [ ] **CHILD PLAYING BALL**
- [ ] **FIRE HYDRANT**
- [ ] **TELEPHONE BOOTH**
- [ ] **WHITE WOODEN FENCE**
- [ ] **SIGN WITH RED LETTERS**
- [ ] **A MAN WALKING**
- [ ] **A CAT**
- [ ] **APARTMENT BUILDING**
- [ ] **FLAG**
- [ ] **GARBAGE CAN**
- [ ] **CHILD IN A STROLLER**
- [ ] **SOMEONE ON A SKATEBOARD**
- [ ] **BUS BENCH**
- [ ] **EMPTY LOT**
- [ ] **"FOR SALE" SIGN**
- [ ] **BUS**
- [ ] **BLUE MAILBOX**
- [ ] **SPRINKLER ON**

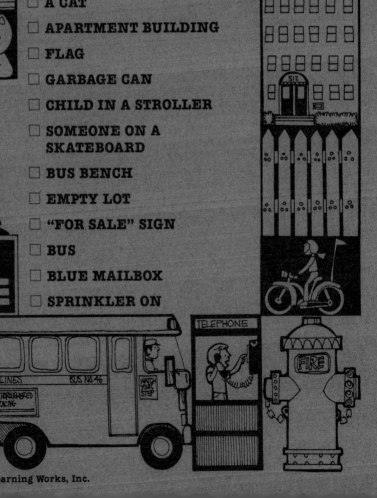

Neighborhood Search

Find the following:

- [ ] **PERSON RIDING A BICYCLE**
- [ ] **CHILD PLAYING BALL**
- [ ] **FIRE HYDRANT**
- [ ] **TELEPHONE BOOTH**
- [ ] **WHITE WOODEN FENCE**
- [ ] **SIGN WITH RED LETTERS**
- [ ] **A MAN WALKING**
- [ ] **A CAT**
- [ ] **APARTMENT BUILDING**
- [ ] **FLAG**
- [ ] **GARBAGE CAN**
- [ ] **CHILD IN A STROLLER**
- [ ] **SOMEONE ON A SKATEBOARD**
- [ ] **BUS BENCH**
- [ ] **EMPTY LOT**
- [ ] **"FOR SALE" SIGN**
- [ ] **BUS**
- [ ] **BLUE MAILBOX**
- [ ] **SPRINKLER ON**

Super Search

Find the following:

- ☐ **GOLF COURSE**
- ☐ **RENTAL TRAILER**
- ☐ **CAR WASH**
- ☐ **CLOCK**
- ☐ **FIRE STATION**
- ☐ **LAUNDROMAT**
- ☐ **AIRPORT**
- ☐ **BARBER SHOP**
- ☐ **HISTORICAL SITE SIGN**
- ☐ **DRIVER WITH A HAT ON**
- ☐ **TENNIS COURT**
- ☐ **TRACTOR**
- ☐ **FLORIST**
- ☐ **CAR BEING TOWED**
- ☐ **POLICE CAR**
- ☐ **BOAT OR HORSE TRAILER**
- ☐ **BEAUTY SHOP**
- ☐ **MOTOR HOME**
- ☐ **BRIDGE**
- ☐ **AUTO REPAIR SHOP**

Super Search

Find the following:

- ☐ **GOLF COURSE**
- ☐ **RENTAL TRAILER**
- ☐ **CAR WASH**
- ☐ **CLOCK**
- ☐ **FIRE STATION**
- ☐ **LAUNDROMAT**
- ☐ **AIRPORT**
- ☐ **BARBER SHOP**
- ☐ **HISTORICAL SITE SIGN**
- ☐ **DRIVER WITH A HAT ON**
- ☐ **TENNIS COURT**
- ☐ **TRACTOR**
- ☐ **FLORIST**
- ☐ **CAR BEING TOWED**
- ☐ **POLICE CAR**
- ☐ **BOAT OR HORSE TRAILER**
- ☐ **BEAUTY SHOP**
- ☐ **MOTOR HOME**
- ☐ **BRIDGE**
- ☐ **AUTO REPAIR SHOP**

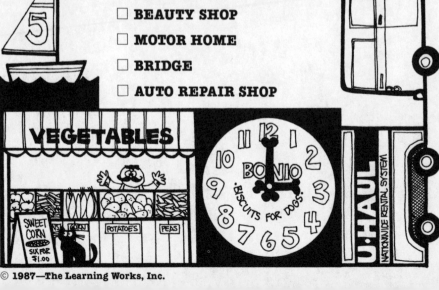

Super Search

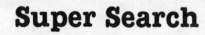

Find the following:

- [ ] **GOLF COURSE**
- [ ] **RENTAL TRAILER**
- [ ] **CAR WASH**
- [ ] **CLOCK**
- [ ] **FIRE STATION**
- [ ] **LAUNDROMAT**
- [ ] **AIRPORT**
- [ ] **BARBER SHOP**
- [ ] **HISTORICAL SITE SIGN**
- [ ] **DRIVER WITH A HAT ON**
- [ ] **TENNIS COURT**
- [ ] **TRACTOR**
- [ ] **FLORIST**
- [ ] **CAR BEING TOWED**
- [ ] **POLICE CAR**
- [ ] **BOAT OR HORSE TRAILER**
- [ ] **BEAUTY SHOP**
- [ ] **MOTOR HOME**
- [ ] **BRIDGE**
- [ ] **AUTO REPAIR SHOP**

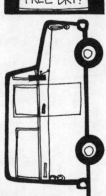

Super Search

Find the following:

- ☐ **GOLF COURSE**
- ☐ **RENTAL TRAILER**
- ☐ **CAR WASH**
- ☐ **CLOCK**
- ☐ **FIRE STATION**
- ☐ **LAUNDROMAT**
- ☐ **AIRPORT**
- ☐ **BARBER SHOP**
- ☐ **HISTORICAL SITE SIGN**
- ☐ **DRIVER WITH A HAT ON**
- ☐ **TENNIS COURT**
- ☐ **TRACTOR**
- ☐ **FLORIST**
- ☐ **CAR BEING TOWED**
- ☐ **POLICE CAR**
- ☐ **BOAT OR HORSE TRAILER**
- ☐ **BEAUTY SHOP**
- ☐ **MOTOR HOME**
- ☐ **BRIDGE**
- ☐ **AUTO REPAIR SHOP**

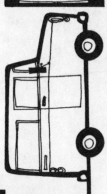

Super Search

Find the following:

- ☐ **GOLF COURSE**
- ☐ **RENTAL TRAILER**
- ☐ **CAR WASH**
- ☐ **CLOCK**
- ☐ **FIRE STATION**
- ☐ **LAUNDROMAT**
- ☐ **AIRPORT**
- ☐ **BARBER SHOP**
- ☐ **HISTORICAL SITE SIGN**
- ☐ **DRIVER WITH A HAT ON**
- ☐ **TENNIS COURT**
- ☐ **TRACTOR**
- ☐ **FLORIST**
- ☐ **CAR BEING TOWED**
- ☐ **POLICE CAR**
- ☐ **BOAT OR HORSE TRAILER**
- ☐ **BEAUTY SHOP**
- ☐ **MOTOR HOME**
- ☐ **BRIDGE**
- ☐ **AUTO REPAIR SHOP**

Super Search

Find the following:

- [ ] **GOLF COURSE**
- [ ] **RENTAL TRAILER**
- [ ] **CAR WASH**
- [ ] **CLOCK**
- [ ] **FIRE STATION**
- [ ] **LAUNDROMAT**
- [ ] **AIRPORT**
- [ ] **BARBER SHOP**
- [ ] **HISTORICAL SITE SIGN**
- [ ] **DRIVER WITH A HAT ON**
- [ ] **TENNIS COURT**
- [ ] **TRACTOR**
- [ ] **FLORIST**
- [ ] **CAR BEING TOWED**
- [ ] **POLICE CAR**
- [ ] **BOAT OR HORSE TRAILER**
- [ ] **BEAUTY SHOP**
- [ ] **MOTOR HOME**
- [ ] **BRIDGE**
- [ ] **AUTO REPAIR SHOP**

Super Search

Find the following:

- ☐ **GOLF COURSE**
- ☐ **RENTAL TRAILER**
- ☐ **CAR WASH**
- ☐ **CLOCK**
- ☐ **FIRE STATION**
- ☐ **LAUNDROMAT**
- ☐ **AIRPORT**
- ☐ **BARBER SHOP**
- ☐ **HISTORICAL SITE SIGN**
- ☐ **DRIVER WITH A HAT ON**
- ☐ **TENNIS COURT**
- ☐ **TRACTOR**
- ☐ **FLORIST**
- ☐ **CAR BEING TOWED**
- ☐ **POLICE CAR**
- ☐ **BOAT OR HORSE TRAILER**
- ☐ **BEAUTY SHOP**
- ☐ **MOTOR HOME**
- ☐ **BRIDGE**
- ☐ **AUTO REPAIR SHOP**

Dear Grandma & Grampa Butler,

I like the sweater.

Thank you very much.

I can't wait to swim in the new pond.

I hope you had a good Christmas.

Love
Tom

Super Search

Find the following:

- [ ] **GOLF COURSE**
- [ ] **RENTAL TRAILER**
- [ ] **CAR WASH**
- [ ] **CLOCK**
- [ ] **FIRE STATION**
- [ ] **LAUNDROMAT**
- [ ] **AIRPORT**
- [ ] **BARBER SHOP**
- [ ] **HISTORICAL SITE SIGN**
- [ ] **DRIVER WITH A HAT ON**
- [ ] **TENNIS COURT**
- [ ] **TRACTOR**
- [ ] **FLORIST**
- [ ] **CAR BEING TOWED**
- [ ] **POLICE CAR**
- [ ] **BOAT OR HORSE TRAILER**
- [ ] **BEAUTY SHOP**
- [ ] **MOTOR HOME**
- [ ] **BRIDGE**
- [ ] **AUTO REPAIR SHOP**

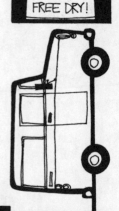

Dear Bobby and Jimmy,

Thank you for the safe.
I like your present. Blue is my
favorite color.
Our Major,
~~the dog~~ is doing well. Major
sometimes disobeys the rules and
eats things, ~~and he~~ Almost every
day he eats trash. He's also fun to
play with and he ~~some~~ usually is good.
I hope you had a nice
Christmas.
                          Love.
                          Evan